AF357034

LE
GÉNIE LATIN

PAR

ANATOLE FRANCE

ÉDITIONS D'ART
ÉDOUARD PELLETAN
PARIS

À mon maître Paul Charles,
Pour qu'il m'enseigne toujours la vertu,
Par son vivant exemple,
J'offre ce livre,
En souvenir des doctes propos
Dont il enchanta une promenade
Aux bords du libre Blavet.

[signature]

Avril 1909 - Août 1910.

LE
GÉNIE LATIN

ANATOLE FRANCE
DE L'ACADÉMIE FRANÇAISE

LE GÉNIE LATIN

ALLOCUTION PRONONCÉE
À LA SORBONNE, LE 3 AVRIL 1909
À LA FÊTE DE L'INTELLECTUALITÉ
BRÉSILIENNE

DÉCORATION
DE BELLERY-DESFONTAINES

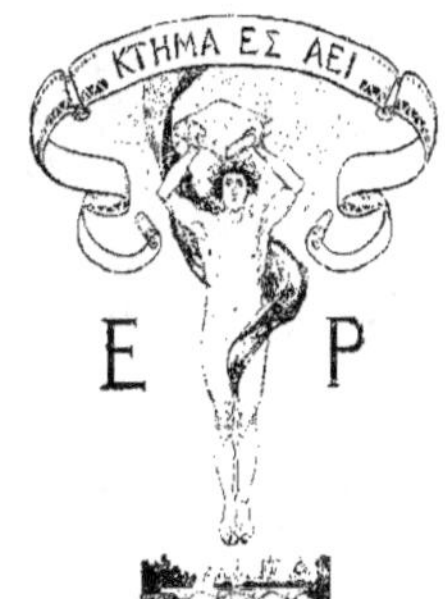

ÉDITIONS D'ART
ÉDOUARD PELLETAN
125, BOULEVARD SAINT-GERMAIN, 125
PARIS

MCMIX

MAGISTRI · DILECTISSIMI

HAEC · ELEGANTIA · EADEMQVE · GRAVIA · VERBA

COLLIGEBAM

VT · ILLIS · IVNIORIBVS · GENTIBVS · LATINIS

QVAS · IPSE · IAM · VISVRVS · ESSET

DICAREM

·

E · P

·

Mesdames, Messieurs,

En cette fête de « l'Intellectualité brésilienne » que j'ai le très grand honneur de présider, notre savant compatriote, le docteur Richet, dont tout le monde connaît la droiture et la générosité, va nous dire les sympathies qui unissent le Brésil à la France; M. le docteur de Oliveira Lima, ministre du Brésil à Bruxelles, membre de l'Académie brésilienne, nous entretiendra, avec un art bien des fois applaudi, de son illustre compatriote, Machado d'Assis, que le Brésil salue comme une des gloires les plus hautes.

POUR moi, Messieurs, je ne crois pas que ce soit trop étendre le sens de cette fête littéraire, que d'y voir la célébration du génie latin dans les deux mondes.

LE génie latin, peut-on le célébrer assez? C'est par lui qu'à Rome fut délibéré le sort de l'univers et conçue la forme dans laquelle les peuples sont encore contenus. Notre science est fondée sur la science grecque que Rome nous a transmise. L'humanité doit au génie latin la naissance et la renaissance de la civilisation. Son sommeil de dix siècles fut la mort du monde.

JE relisais hier, dans un livre de M. Henri Cochin, un récit étrange du vieil annaliste pontifical Stefano Infessura, que je veux vous conter à mon tour, n'imaginant pas une meilleure illustration du sentiment qui nous rassemble ici.

LE GÉNIE LATIN.

C'ÉTAIT le 18 avril 1485. Le bruit court dans Rome que des ouvriers lombards, en creusant la terre le long de la voie Appienne, ont trouvé un sarcophage romain, portant ces mots gravés dans le marbre blanc : « Julia fille de Claudius ». Le couvercle soulevé, on vit une vierge de quinze à seize ans, dont la beauté, par l'effet d'onguents inconnus ou par quelque charme magique, brillait d'une éclatante fraîcheur. Ses longs cheveux blonds, répandus sur ses blanches épaules, elle souriait dans son sommeil. Une troupe de Romains, émue d'enthousiasme, souleva le lit de marbre de Julia et le porta au Capitole où le peuple, en longue procession, vint admirer l'ineffable beauté de la vierge romaine. Il restait silencieux, la contemplant longuement; car sa forme, disent les chroniqueurs, était mille fois plus admirable que celle des femmes qui vivaient de leur temps. Enfin, la ville fut si grandement émue de ce spectacle, que le pape Innocent, craignant qu'un culte païen et impie ne vînt à naître sur le corps souriant de Julia, le fit dérober nuitamment et ensevelir en secret; mais le peuple romain ne perdit jamais le souvenir de la beauté antique qui avait passé devant ses yeux.

VOILÀ l'éternel miracle du génie latin. Il s'éveille et soudain la pensée humaine s'éveille avec lui; les âmes sont délivrées, la science et la beauté jaillissent. Je dis le génie latin, je dis les peuples latins, je ne dis pas les races latines, parce que l'idée de race n'est le plus souvent qu'une vision de l'orgueil et de l'erreur, et parce que la civilisation hellénique et romaine, comme la Jérusalem nouvelle, a vu venir de toutes parts à elle des enfants qu'elle n'avait point portés dans son sein. Et c'est sa gloire de gagner l'univers.

LE génie latin rayonne sur le monde. En vain les puissances de ténèbres voudraient le replonger dans la tombe : il crée tous les jours plus de liberté, plus de science et plus de beauté, et prépare une justice plus juste et des lois meilleures.

LATINS des deux mondes, soyons fiers de notre commun héritage. Mais sachons le partager avec l'univers entier; sachons que la beauté antique, l'éternelle Hélène, plus auguste,

plus chaste d'enlèvement en enlèvement, a pour
destinée de se donner à des ravisseurs étrangers, et
d'enfanter dans toutes les races, sous tous les climats,
de nouveaux Euphorions, toujours plus savants et
plus beaux.

CETTE PLAQUETTE A ÉTÉ ÉTABLIE PAR ÉDOUARD PELLETAN, AVEC LE CONCOURS DE BELLERY-DESFONTAINES; TIRÉE À TROIS CENTS EXEMPLAIRES NUMÉROTÉS, ELLE A ÉTÉ ACHEVÉE D'IMPRIMER LE 18 AVRIL 1909 À L'IMPRIMERIE NATIONALE, VICTOR DUPRÉ ÉTANT DIRECTEUR, ET STÈGRE, PRESSIER.